Ptoma

Réminiscences

PETITS
MEURTRES

Collection créée et dirigée par
Emmanuel Proust

Guest star : Ptoma remercie Jürg
pour l'aide à l'encrage des pages 18 à 22.

CHAPITRE I

1930

Le "monstre" est une anomalie
effroyable mais il est aussi
peut-être, celui qui doit exister.

MICHEL BATAILLE
in "Gilles de Rais"

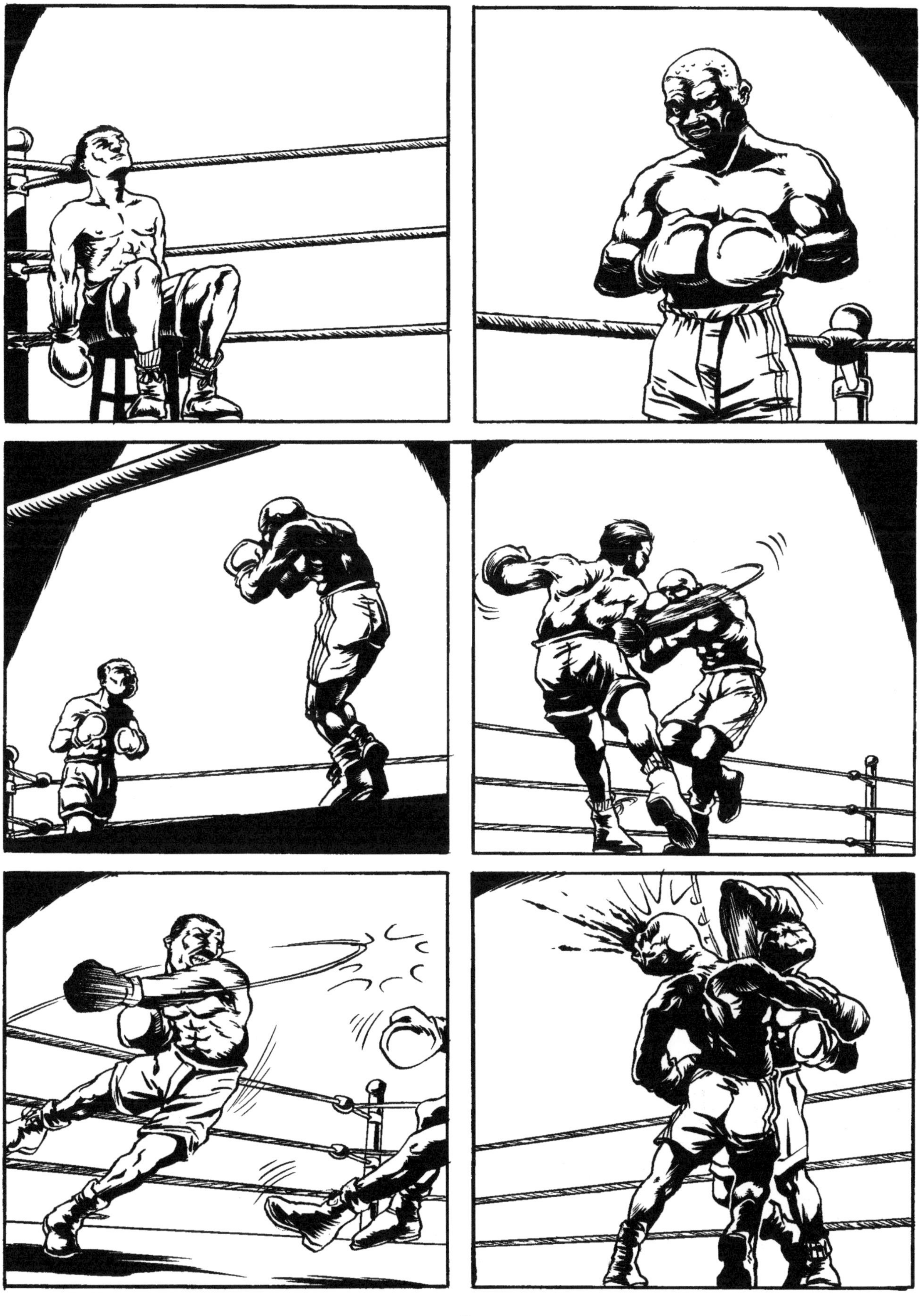

The World
2 PAGES INCLUDING HIS LIFE
QUOTA
CHICAGO, THURSDAY, JUNE 9, 192
BLACK PHOENI
STOPS COMPETITIO
WORLD CHAMPION WILL WORK FOR MAYOR
MYSTERY GIRL ADDICT
N OPIUM PARTIES.
JAZZ JUST LIKE DEAD
AGO, THURSDAY, JUNE
BLACK PH
STOPS COMP

CHAPITRE II

1933

L'animal et l'homme, sont organisés
pour la colère, la haine, le chagrin,
la frayeur, la jalousie ; et parce
qu'il y a des choses et des évènements
qui d'après leur nature, doivent être
détestés ou aimés, désirés ou redoutés.

GALL
in "Le Musée de la bestialité, Rolland Villeneuve"

N'ESSAIE PAS DE L'ATTRAPER.
RESTE SUR TON CHEMIN !
NE TE DÉTOURNE PAS !
REGARDE-MOI...
REGARDE LA NUIT.

LE PIRE, C'EST DE S'Y PERDRE, DE SE PERDRE.
DE SE MENTIR,
PUIS DE S'OUBLIER !
IL S'Y CONNAIT EN OBSCURITÉ.
REGARDE : DÉJÀ, IL REVIENT.
SÉDUIS-LE.
REGARDE À L'INTÉRIEUR DE SES YEUX... LEQUELS PRÉFÈRES-TU ? CHOISIS !

ALORS, PILE...
OU FACE ?
UN CHOIX EST UN CHOIX, UNE VIE N'EN EST PAS UNE AUTRE !
ALORS, PILE OU FACE ?
AIE, AIE, AIE...
?

CHICAGO.
MERDE !!! DIRE QU'IL Y EN A QUI RÊVENT DE SOLEIL ET DE JEAN HARLOW !
PARACODÉINE ET BOURBON, AIDEZ-MOI À DÉCOMPRESSER
Harwo
Blended
ET HOP, CUL SEC !

T'AS ENCORE LA PÊCHE, TOI !
BONJOUR, LES AMOUREUX !
DÉJÀ DEBOUT, BEAU GOSSE...
CAUCHEMAR OBLIGE ! ELLE A CRACHÉ LE MORCEAU, CENDRILLON ?
TU PARLES... CE PETIT ANGE ME RAPPELLE MON DÉFUNT TITI.

UN CANARI À UN DOLLAR QUI S'EST ÉTEINT SANS JAMAIS AVOIR COUINÉ UNE SEULE NOTE ! ENFIN... JE NE SAIS PAS OÙ ELLE VA CHERCHER TOUTE CETTE DÉTERMINATION...
... POUR GARDER CE PETIT MINOIS SILENCIEUX
BON...
AU TURBIN !
OUBLIE LES USAGES ; CONFIRME À CETTE
BEAUTÉ
QU'ELLE VA CÉDER !

JE SUIS DÉÇU. CETTE DROITE MANQUAIT DE PUNCH !
CRAC
OUAIS, C'EST ÇA !
TIENS-TOI BIEN, PIN-UP !
UN PEU D'EXERCICE MATINAL MAINTIENT EN FORME UN SALOPARD, M'A APPRIS MA MAMAN !
MMMH !
TU SAIS PERTINEMMENT QUE JE DÉTESTE LA VIOLENCE GRATUITE !
MAIS, IL EST CERTAIN QUE DE TE VOIR AU TRAVAIL...

... ÇA ME DÉTEND AUTRE CHOSE QUE L'ESPRIT
UN PEU DE TENUE DEVANT LA DAME, TROUFION !
COMBIEN DE SUCRES DANS L'IRISH DE "MONSIEUR" ?
TROIS, ÉVIDEMMENT ! À QUELLE HEURE SE POINTE AL !? JE M'IMPATIENTE...
DANS UNE HEURE OU DEUX.
FICHTRE !
VA FALLOIR TE METTRE À TABLE, MA JOLIE !
ET VITE !

PAR EXEMPLE, CHANTE-MOI L'AIR QUI RACONTE L'HISTOIRE D'UN RENDEZ-VOUS ENTRE DEUX FILS DE PUTES...
GENRE : TON PÈRE, UN NOTAIRE VÉREUX, ET DIRTY FACE, UN TUEUR NOTOIRE. UN CONTRAT LES LIE ; ÉLIMINER BIG BILL...
LE MAIRE DE CHICAGO !
ILS DISCUTENT, ACCORDENT LEURS VIOLONS, ET FIXENT LA DATE DE L'ENTERREMENT.
C'EST LÀ QUE LA CHANSON DEVIENT INTÉRESSANTE. C'EST POURQUOI J'AIMERAIS T'ENTENDRE FREDONNER LA SUITE.
DIS QUELQUE CHOSE !

SI TU VEUX AJOUTER UNE ANECDOTE PERSONNELLE
SURTOUT, TE GÊNE PAS !
IL A SURVÉCU COMBIEN DE TEMPS, TON CANARI POURRI ?
UNE ÉTERNITÉ.

NOUS SAVONS QUE TU ÉTAIS DANS LA MÊME PIÈCE QU'EUX ! T'AS FORCÉMENT VU OU ENTENDU QUELQUE CHOSE ! MERDE ! SOIS PAS BORNÉE !!!
JE TE PROMETS, DÈS QUE TA GUEULE DE PÉTASSE RESSEMBLE À UNE BOUCHE D'ÉGOUT, JE M'OCCUPE DE TON VULGAIRE PETIT CUL !!!
PHOENIX, ... QU'ELLE RECUPERE UN PEU... TOI AUSSI. ELLE ME DONNE DES FRISSONS CETTE MÔME, CETTE VOLONTÉ DE PROTÉGER SON GÉNITEUR D'UNE MORT ÉVIDENTE...
... C'EST D'UN TRAGIQUE. ÇA ME RAPPELLE UN FILM AVEC CAGNEY.
PAS ENVIE DE DISCUTER CINÉMA, SI TU PERMETS ?!
SORRY !
BON ! VA FALLOIR ENCORE CHANGER DE TACTIQUE.

ÉCOUTE, BABE... J'AI RIEN CONTRE TOI, JE NE TE CONNAIS MÊME PAS, ÇA FAIT TROIS HEURES QUE TU DÉGUSTES... CHAPEAU !!!
MAIS, SI ÇA CONTINUE, TU VAS Y RESTER ; ALORS, ABRÈGE TES SOUFFRANCES ET ARRÊTE DE NOUS FAIRE CHIER. COMPRIS ?
APRÈS, TU VOIS, ON AIMERAIT BIEN SE TAPER UN CINÉ, QUESTION DE DÉCOMPRESSER...
TOI AUSSI, JE SUPPOSE !? TU VOIS, CE MATIN, J'AI FAIT UN RÊVE DÉCONCERTANT, ET JE NE SUIS PAS D'HUMEUR ! ...
MON COLLÈGUE EST D'UN NATUREL PLUTÔT COMPRÉHENSIF ET CHALEUREUX...
N'EXAGÈRE PAS !
PAR CONTRE MOI...

... JE SUIS UN PEU LIMITÉ NIVEAU SENTIMENTS ! ... VOIRE MÊME IMPULSIF !!!
J'AI DU MAL À ME CONTRÔLER !
SI T'ARRIVE PAS À INTÉGRER CES DONNÉES,
D'HORRIBLES CHOSES VONT ÊTRE COMMISES !!!
JE TE PROMETS...
VEUILLEZ M'EXCUSER, MAIS J'AI LE CŒUR FRAGILE ! UN PETIT JUS D'ORANGE, ÇA VA ME DÉNOUER LES OVAIRES

J'ESTIME AVOIR ÉTÉ ASSEZ PATIENT, SON MUTISME COMMENCE À M'EXASPÉRER !
PERSONNE NE PEUT AUTANT ENCAISSER !
TU CROIS VRAIMENT QU'ELLE SAIT QUELQUE CHOSE SUR CE CONTRAT ?
J'EN SAIS RIEN, GABE.
JE ME BORNE SIMPLEMENT À "VOCALISER" LES TIMIDES. QUOIQU'ILS AIENT DANS LA TÊTE.
C'EST POUR AL QUE JE LE FAIS, J'AIME PAS ÇA PLUS QUE TOI !
DE PLUS, ELLE ÉTAIT JOLIE.
JE DESCENDS CHEZ BARZON
MMMH OK!
PEUT-ÊTRE AURA-T-IL UNE IDÉE ? ...
BON, À NOUS DEUX !

PHŒNIX
NOOOON !!

ALLO ?
C'EST TOI, AL ?!... EUH... TROP TARD ...

NON.
MERDE... NON, ELLE... D'ACCORD.
PHOÉNIX ! ILS ONT RETROUVÉ DIRTY FACE. C'EST RÉGLÉ.
PHOÉNIX, J'AI UNE MAUVAISE NOUVELLE NOUS CONCERNANT...
PHOENIX !?

1934

Mes cauchemars possédaient une
force brute d'une pureté absolue.
Des détails précis et saillants
jaillissaient droit de mon
inconscient comme autant d'explosions.

JAMES ELLROY
in "Ma part d'ombre"

MON PÈRE,
JE SUIS TROUBLÉE ...
DEPUIS QUE JE VOUS AI REJOINTS, JE SUIS PERDUE, UN SENTIMENT D'INCOMPRÉHENSION ME TOURMENTE ...
JE SUIS VICTIME D'UNE MALÉDICTION, CELLE D'UN AUTRE...
CE RÔLE ME TROUBLE, IL ME VA SI BIEN !
POURTANT, LES OMBRES ME RAPPELLENT À L'ORDRE... JE COMMETS LES MÊMES ERREURS, JE DOIS LE PRÉVENIR DE SES ÉGAREMENTS,
... L'AIDER À SE RÉALISER ...
... NE PAS L'ABUSER. ET SI LE MALIN SE JOUAIT DE MA RAISON, NOUS DEVRIONS REPARTIR, RENAÎTRE.

TES INTERROGATIONS SONT PIEUSES ET LÉGITIMES MON ENFANT, MAIS ELLES N'ONT RIEN DE DÉMONIAQUE, JE T'ASSURE.
LE MALIN, LORSQU'IL S'EXPRIME, EST BIEN PLUS MALICIEUX ET VICIEUX. TU NE SAURAIS PLUS QUI AIMER OU HAÏR !
JE NE PUIS ACCEPTER CE SEUL SALUT, MON PÈRE !
DÉLIVREZ-MOI !
JE VEUX ENFIN MOURIR..
VOUS ENTENDEZ !
VOUS ENTENDEZ CES PETITS PAS ?
CE SONT CEUX DE CET ORPHELIN... LUI AUSSI EST MAUDIT...
IL POURSUIT SON DESTIN
QUOI !

ARRÊTE-TOI. REVIENS !
TU AS ESSAYÉ, C'EST UN DÉBUT, MAIS...
T'AS PRIS UN COUP DE VIEUX...
UN PUTAIN DE COUP DE VIEUX !!!

JE M'Y SUIS HABITUÉ...
ON S'HABITUE À TOUT.
À L'ABANDON DE SOI,
À LA SOLITUDE,
AU RENONCEMENT,
À LA PIÉTÉ

MAIS, PAS À ÇA !
UNE BALLE DANS LA TÊTE. CORTEX DROIT ÉCLATÉ.
LE GAUCHE JUSTE ENDOMMAGÉ.
ELLE EST MIRACULEUSEMENT RESTÉE EN VIE. MIRACULEUSEMENT DEVENUE UNE PLANTE
JE SUIS SA VIE, ELLE EST MA PÉNITENCE.
MAUDITS VOLATILES.

PAUVRE BETTY... SOURDE-MUETTE DE NAISSANCE.
SI J'AVAIS SU... AVEC UN "SI", BIEN PONCTUÉ, TOUT CE QUE JE SUIS...
AURAIT ÉTÉ DIFFÉRENT, ÉCRIT PLUS HABILEMENT.
BARTON SAVAIT. GABE A VOULU ME PRÉVENIR.
JAMAIS ELLE NE RÉALISERA POURQUOI SON EXISTENCE S'EST SUSPENDUE.

DEPUIS LA FIN DE LA PROHIBITION,
JE ME SUIS TOTALEMENT EXCLU DE LA SOCIÉTÉ ET DE SES TROQUETS.
RÉCLUSION FANTOMATIQUE.
MAIS À QUOI BON SE TERRER SI LE PASSÉ VOUS HANTE !?
BETTY ?

PLUS TARD, J'APPRIS QUE LE MÊME JOUR, LA SŒUR JUMELLE DE BETTY,
CELLE QUE NOUS AURIONS DÛ RÉELLEMENT INTERROGER, DÉCÉ-DAIT DANS UN ACCIDENT D'AVION.
ELLE ÉTAIT VENUE RÉCLAMER UNE ÂME...
UNE ÂME PRISONNIÈRE DE MES ERREURS.

CHAPITRE IV
1939

Le hasard n'exixte pas...
Il n'y a que des logiques
que l'on ignore.

BATAVIA
in "Nouvelles du Bon Dieu"

SINNERS
M. DIETRICH
The ROARING TWENTIES WITH J. CAGNEY / H. BOGART
WARNER BROS.
VAS-Y, ÉCLATE-LE JUSQU'À CE QU'IL CHIE SES TRIPES
PATIENCE, IL MONTE PROGRES-SIVEMENT.
AMÈNE TA GRANDE GUEULE DE POIVROT PAR ICI
CINQ SUR...
QUAT SUR

CINQUANTE DOLLARS SUR L'IRLANDAIS... UN COURAGEUX ...
TENU !
BANDE DE PETITS...
JOE
M'SIEUR, J'PRENDS SIX CONTRE UN...
MOI AUSSI
ALORS !?
CROC
70120

DISPERSION, LES FESTIVITÉS SONT TERMINÉES
DISPERSION, DISPERSION ...
OUI !?
Y'EN A MARRE DE TES CONNERIES, FENOUIL... MARRE DE TES PSEUDO-MATCHS À LA CON ! UN JOUR T'EN TUERAS UN...
CE JOUR-LÀ, JE SERAI LÀ ! JE SERAI TON JUGEMENT DERNIER !
J'AI DÉJÀ ÉTÉ JUGÉ ET CONDAMNÉ AUX ENFERS.
BOUGE TES MICHES
TU PEUX RIEN FAIRE, EDMONT. DANS CE QUARTIER JE RESTE UN MYTHE !...
T'ES QU'UNE TACHE, OUI !
PAR ICI LA MONNAIE, M'SIEUR, FAUT PAS PARIER GROS QUAND ON NE CONNAIT PAS L'ANIMAL. PAS VRAI !?
EXACT... NE L'OUBLIE JAMAIS, PETIT !

LA CORRUPTION A PERDU DE SA NOTORIÉTÉ !
ÇA REVIENDRA, C'EST COMME LES GRANDS FLÉAUX...
BEAU MATCH, JE SAVAIS QUE TU GAGNERAIS ...
ALORS POURQUOI AVOIR PARIÉ SUR LE BUVEUR DE GUINNESS !?
QUESTION DE METTRE DE L'AMBIANCE.
TOUJOURS L'ESPRIT "BON ENFANT". QUE DEVIENS-TU, TROUFION ?
J'ŒUVRE CONTINUELLEMENT POUR LE MAIRE, LE NOUVEAU J'ENTENDS. AVEC L'ARRESTATION DE AL, LA FIN DE LA PROHIBITION... L'ÂGE D'OR SE MEURT.
COMMENT VA AL ?
IL QUITTE LE ROCK * DANS UNE SEMAINE. SA SYPHILIS S'AGGRAVE !
JE VIENS TE PROPOSER UN MARCHÉ. UNE DERNIÈRE RENCONTRE SOUS LES FEUX DE LA RAMPE, LÉGAL CELUI-CI...
MON COMMANDITAIRE A UN POULAIN PROMIS À UN BEL AVENIR... QUELQUES EXHIBITIONS... TU CONNAIS...

* ALCATRAZ

ÉVIDEMMENT, S'IL AFFRONTAIT UNE ANCIENNE LÉGENDE... COMME J'AI CONSTATÉ, TU AS GARDÉ TON CÔTÉ AGRESSIF, EFFICACE... FAUDRAIT PAS QUE TU ABIMES TROP NOTRE PROTÉGÉ... MILLE DOLLARS TE CONVIENDRONT ?
TU VOIS, J'AI DU RESPECT POUR TOI... ÇA ME COÛTE DE TE DEMANDER UNE TELLE "FAVEUR".
OUBLIE, JE TE PAIE UN VERRE.
BELLE BOUCHERIE, PHOÉNIX !
BARTON, DEUX BOUTEILLES, J'AI DÉCROCHÉ LE JACKPOT.
GÉNIAL
T'AS TOUJOURS SU FAIRE LES BONS CHOIX...
M'OUAIS... COMME UN SAUMON QUI PEINE À REMONTER LE COURANT DE SA RIVIÈRE NATALE !
NE GÂCHE PAS UNE TELLE OCCASION... TU TE COUCHES AU TROI-SIÈME ROUND. OK !?
APRÈS CETTE AFFAIRE, JE TE PAIE UN CINÉ, ÇA TE TENTE ?...
GENRE ?
"THE ROARING TWENTIES"... AVEC JAMES... CONTENT DE T'AVOIR REVU, PHOÉNIX... VRAIMENT !

SON REGARD...
T'ES TROP CON, ANN SHERIDAN, VOILÀ UNE FEMME, UNE VRAIE. AVEC UNE SILHOUETTE DIGNE DE CE NOM.
UNE ACTRICE DE SECONDE ZONE. DIETRICH INCARNE LA CLASSE, ELLE JOUE DE SON REGARD, COMME STRADIVA-RIUS JOUAIT DE SES CRÉATIONS !
UN VRAI MEC OUI, TIGNASSE À LA GARÇONNE, COSTARD-CRAVATE, À PEINE FORMÉE DU BUSTE...
C'EST PAS UNE RÉFÉRENCE. T'AS VU "L'ANGE BLEU", T'AS VU SES CHARMANTES CUISSES ?
JE CROYAIS QUE SEUL SON REGARD T'ÉMERVEILLAIT ? ...
... ET PUIS, JE MATE PAS LES FILMS ALLEMANDS, ILS NOUS PRÉPARENT ENCORE UN SALE COUP EN DÉCLARANT LA GUERRE À LA POLOGNE !
À LA QUOI !?

DE TOUTE MANIÈRE, ON S'EN FICHE DE L'EUROPE, DIETRICH EST DÉSORMAIS CITOYENNE AMÉRICAINE.
GÉNIAL, UNE GOUINE DE PLUS SUR LE TERRITOIRE !
ELLE EST MARIÉE... ET A UNE FILLE...
GABE AUSSI...
CONNARD !
VOS GUEULES, LES COMMÈRES ! OU VOUS FINISSEZ LES CHEVILLES NOYÉES DANS LE BÉTON !
... JAMAIS JE N'AI VU UNE TELLE HARGNE CHEZ UN ANCIEN CHAMPION...
DANS CE TROISIÈME ROUND NOUS ASSISTONS AU GRAND RETOUR DU PHOÉNIX NOIR... QUE DE NOSTALGIE... REGARDEZ, COMMENT IL SE RUE SUR LE JEUNE MICKEY QUI A DÉSORMAIS ADOPTÉ UNE TACTIQUE PLUS DÉFENSIVE...
VU LES ATTAQUES RÉPÉTÉES DE L'ANCIENNE GLOIRE DU RING, PROCHE DE RÉITÉRER SES EXPLOITS DE JEUNESSE... UNE PUISSANTE DROITE DE PHOÉNIX VIENT DE FRAPPER MICK...

POUR SEULE RÉPONSE, PHOÉNIX VIENT DE RECEVOIR UN VIOLENT UPPERCUT, INCROYABLE ! LE VOILÀ AU TAPIS... IL NE SEMBLE PLUS CAPABLE DE SE METTRE À GENOUX... DOMMAGE...
QUELLE MAGNIFIQUE RETOURNEMENT DE SITUATION ! LES ENTRAÎNEURS NE NOUS AVAIENT PAS MENTI... VICTOIRE DONC DE MICKEY PAR...
ÉTEINS.
CLIC
J'AI L'IMPRESSION GABE, QUE TON "AMI" A VOULU M'ENTUBER PROFOND !
JE DÉTESTE VISCÉRALEMENT CETTE IMPRESSION... TOI AUSSI !?
TOI AUSSI, JE PRÉSUME, GABE ?
SUIS-JE ASSEZ CLAIR ?!

SALUT PHOENIX...
BELLE PRESTATION ! ÇA M'A PRESQUE ÉVOQUÉ 1930... J'AI VRAIMENT CRU QUE T'ALLAIS L'ÉTALER... MAUVAISE IDÉE, DIXIT LE BOSS.
ENCORE SI T'AVAIS GAGNÉ, TU TE SERAIS PROUVÉ QUELQUE CHOSE. MERDE, QUOI ! QU'EST-CE QU'IL TE PREND ! IL VOULAIT...
TA PEAU !
J'AI FAIT CE QUE J'AI PU... ADIEU

... ACTIVONS-NOUS AVANT LA TOMBÉE DE LA NUIT. JE... HÉ ! PHIL... MATE...
LAISSE TOMBER... UN CLODO...
... ON DIRAIT...
VIENS...
FAUT PRÉVENIR JACK ?
OH MERDE...

RIEN N'EST ÉTERNEL... ÇA ARRIVE, C'EST TOUT. PARFOIS, L'ESPOIR NE RÉSISTE PAS AUX ATTAQUES RÉPÉTÉES DU TEMPS.
TA TRISTESSE, JE LA SENS, JE LA RESSENS.
MOI AUSSI, J'AI PERDU UN ÊTRE CHER, UNE MOITIÉ DE CŒUR !
TU NE DIS JAMAIS RIEN... PEUT-ÊTRE N'AS-TU RIEN À RACONTER ?
HÉLAS, TON CHEMIN NE S'ARRÊTE PAS ICI, IL TE FAUDRA ENCORE SOUFFRIR CAR, LA RÉDEMPTION EST UN CHEMIN PARSEMÉ D'ÉPREUVES.

ÇA VA ?
TROIS JOURS DE SIESTE... ON N'Y CROYAIT PLUS, CHAMPION...
ENFIN !
TIENS, BOIS !
C'EST AMER, ÇA ME BRÛLE...
C'EST DE L'EAU !
CETTE PISSE N'A JAMAIS SOIGNÉ QUOI QUE CE SOIT, SURTOUT PAS MOI !
TROUVE-MOI UN REMÈDE PLUS VIRIL..., N'IMPORTE QUELLE **GNÔLE.**
QUI ÊTES-VOUS ?
C'EST QUOI CE FOUTOIR ?

DES ORPHELINS COMME TOI ! ON T'A DÉNICHÉ À MOITIÉ MORT DANS UNE IMPASSE, COMME IL SE DOIT, D'OXFORD STREET... PUIS ON T'A RAMENÉ !
M'ONT FOUTU UNE SACRÉ RACLÉE... ÉTONNANT QUE JE RESPIRE ENCORE... !
POUR SÛR, ILS T'ONT LAISSÉ EN SHORT !
MERCI LES MÔMES. MAIS VA FALLOIR QUE J'ME TIRE...
RESTE, ON S'EST RÉUNIS. ON VEUT BIEN QUE TU SOIS NOTRE CHEF !
T'ES NOTRE IDOLE...
DES CONNERIES TOUT ÇA ! VOUS NE ME CONNAISSEZ PAS ! JE SUIS DANGEREUX, DÉSAXÉ... ET SÛREMENT RECHERCHÉ PAR LES...
ON TE CACHERA, ON SOIGNERA TES BLESSURES ...
HÉ ! LES MECS...
LE REPAS DE CE SOIR...
JE TIENS UNE SUPER RECETTE DE LAPIN AUX PRUNEAUX DE MADAME GISÈLE.

REPRENDS DES FORCES...
APPRENDS-NOUS À NOUS BATTRE !
AVEC TOI, ON SERA PLUS EN SÉCURITÉ...
ON DEVIENDRA LES ROIS DU QUARTIER ET ON SERA PLUS HEUREUX !
LE BONHEUR, C'EST POUR LES SIMPLES D'ESPRIT...
NE VOUS LEURREZ PAS, JE NE SUIS PAS UN MODÈLE À SUIVRE !
POU...
JACK !

VITE JACK !!!
BÉA EST BLESSÉE, Y'A DU SANG PARTOUT ! RENVERSÉE PAR UN CAMION... ELLE VENDAIT DES...
FAUT AGIR VITE !!! VITE !!!
MAUVAIS PRÉSAGE...
CALME-TOI ET EXPLIQUE-TOI !
BON, LES GOSSES, JE ME ...
OH NON ...
DÉSOLÉ POUR TES DOIGTS... RÉFLÉCHIS À NOTRE PROPOSITION !
DANS LA BOÎTE, IL Y A DES CALMANTS... DE QUOI SOULAGER LA DOULEUR...
JACK, T'AS FAIT CE QUE T'AS PU POUR LUI, ... BÉA EST AU PLUS MAL ! !

?
HÉ CHEF ! VOIS CE QUE J'AI VOL..., DÉNICHÉ, UNE DEMI-BOUTEILLE !
BIEN PETIT, TROUVE... ...M'EN... ...D'AUTRES, ET JE CROIS...
QUE JE VAIS... ENCORE... ...UN PEU... RESTER... ICI, AVEC VOUS ...
DÉMENT ! VOUS INQUIÉTEZ PAS POUR VOTRE MAIN. J'AVAIS UN CHIEN ACCIDENTÉ QUI A VÉCU SUPER LONGTEMPS AVEC SES TROIS PATTES, SANS TROP DE PROBLÈMES... VOUS... VOUS M'APPRENDREZ À ME BATTRE... !?
HÉ JACK... T'AS ENTENDU ?

CHAPITRE V
1949

Notre vie est courte, une étincelle. L'univers, notre univers, celui que nous sommes capables de connaître, enfermé avec nous à l'intérieur de nos limites, il faudrait pour l'explorer une éternité de vie d'homme.

BARJAVEL
in "La faim du Tigre"

THE EXOTIC LOTUS

L'APRÈS-GUERRE N'A PAS LAISSÉ NOTRE ÉCONOMIE SANS CICATRICES.
COMME JE LE RÉPÈTE SANS CESSE, VIVONS AVEC NOTRE TEMPS : ALCOOLS, TRIPOTS CLANDESTINS,
BORDELS ET RACKETS NE SONT PAS RÉVOLUS, MAIS PLUS ASSEZ RENTABLES. JE PRÉPARE DONC DEPUIS TROIS ANNÉES NOTRE RECONVERSION.
CASINOS, TRAFICS D'ARMES, DROGUES ET DIVERS PLACEMENTS IMMOBILIERS. AUJOURD'HUI, JE VOIS EN VOUS DES SUCCESSEURS DIGNES DE CONFIANCE...
UNE CONFIANCE REÇUE PAR UNE BANDE DE GAMINS FARFELUS MAIS TÉMÉRAIRES ! J'ESPÈRE AVOIR ÉTÉ À LA HAUTEUR DE VOS ESPÉRANCES.

JE NE VOUS AI PAS ENSEIGNÉ L'HONNÊTETÉ, NI LA DOUCEUR, NI LE RÊVE, NI LA FOI...
MAIS, VOUS SEREZ RESPECTÉS, CRAINTS ET SÛREMENT FORTUNÉS !!!
VOTRE ENFANCE VOLÉE VOUS SERA REMBOURSÉE AU CENTUPLE.
CE N'EST QUE JUSTICE.
VOTRE RÉUSSITE SERA MA SEULE RÉCOMPENSE !
DEMAIN À MON BUREAU, NOUS SIGNERONS LES DIFFÉRENTS CONTRATS DE SUCCESSION.
PITIÉ, ON SE CROIRAIT À UNE CÉRÉMONIE POUR PLEUREUSES ESPAGNOLES !
TRINQUONS ALORS !

RENDONS GRÂCE À L'UTOPIE AVEUGLE DE L'ENFANCE...
SANS LAQUELLE CE PRÉSENT N'EXISTERAIT PAS !
QUELQUE CHOSE TE TRACASSE, PHIL ?
LE TRAFIC DE DROGUE VA NOUS METTRE LA PÈGRE SUR LE DOS ; ILS CONSIDÈRENT CE MARCHÉ COMME DÉVALORISANT POUR LEUR IMAGE DE MARQUE. PRESTIGE OBLIGE !
EROTIC LOTUS
J'AI PRIS MES DISPOSITIONS, NOUS SOMMES COUVERTS...
PAR UNE ANCIENNE CONNAIS-SANCE, VOUS SEREZ MIS AU COURANT EN TEMPS VOULU.

À PROPOS DE CAME, MÉFIEZ-VOUS... PRENEZ-EN, MAIS N'Y MÊLEZ PAS VOTRE TRAVAIL... C'EST COMME LES FEMMES...
CONTINUEZ, MONSIEUR LE PRÊCHEUR.
SOYEZ TOUJOURS SUR LA DÉFENSIVE. ELLES N'ONT PAS BESOIN D'ÊTRE AMORCÉES. ELLES SONT UNE ARME À DOUBLE TRANCHANT, DE SURCROÎT.
PHYSIQUE... ET
PSYCHOLOGIQUE ! ...
PRIVILÉGIEZ TOUJOURS LA DESTRUCTION D'AUTRUI, ... SAUVEZ VOTRE PEAU, QUOI !
NOUS AVONS DROIT À LA TOTALE, CE SOIR. AU LAÏUS MORALISATEUR DE CIRCONSTANCE !
D'ACCORD BÉA... J'ARRÊTE !

AU SUJET DES INVESTISSEMENTS FUTURS, LA BOXE EST EN PASSE DE DEVENIR UNE VALEUR SÛRE.
AVEC LA NOUVELLE RÈGLEMENTATION ET L'ENVOL DES MÉDIAS...
HORS DE QUESTION DE TOUCHER AUX MAGOUILLES SPORTIVES DE MON VIVANT !
MAIS...
POURTANT, LES GAINS SER...
DÉBAT CLOS !
COUCHÉ LES TIGRES ! LE FESTIN N'EST PAS TERMINÉ !
JE SUIS DÉSOLÉ
MOI AUSSI, JE SUIS UN PEU SUR LA DÉFENSIVE...
LA RETRAITE, SÛREMENT...

SE RETIRER N'A RIEN DE DÉSAGRÉABLE... L'HEURE EST VENUE DE PROFITER DU PEU DE VALIDITÉ QU'IL ME RESTE...
VOUS RETIRER ?? NOUS SAVONS QUE TAPI DANS L'OMBRE, NOTRE ANGE GARDIEN VEILLERA...
JACK, J'AI BESOIN DE TES SERVICES CE SOIR.
RIEN DE STRESSANT.
PAS DE PRO-BLÈMES.
UNE SIMPLE LIVRAISON DE...
EXCUSEZ-MOI, TÉLÉPHONE...
MERCI...

OUI ?... BIEN ! ILS ONT CAPTURÉ MARTIN FELDON. A-T-IL PARLÉ ?... ÉVIDEMMENT !... VOILÀ CE QUE VOUS ALLEZ FAIRE !... JE ME DOUTE QUE VOUS... OH ?! TU ME PRENDS POUR UN IMBÉCILE ?... JE PRÉFÈRE.
BON... D'ABORD, TU LE BÂILLONNES, TU LUI CRÈVES UN ŒIL. PUIS TU RECOUVRES IMMÉDIATEMENT LA PLAIE DE SEL MARIN ; ENSUITE TU COUPES TOUTES SES PREMIÈRES PHALANGES ; MÊME S'IL VEUT PARLER !
S'IL S'ÉVANOUIT, CONTINUE... DEMAIN MATIN, IL PLEURERA LA SAINTE VÉRITÉ SOUS PEINE DE PERDRE L'AUTRE ŒIL ET SES TESTICULES. LORSQU'IL AURA AVOUÉ L'EMPLACEMENT DE NOS BIENS,
DÉCAPITE-LE ! BRÛLE SA TÊTE, ET FAIS DISPARAÎTRE LES RESTES DU CORPS... CE SERA TOUT... NE TOUCHEZ NI À SA FEMME NI À SES FILLES... PAR CONTRE, SES FRÈRES ET FILS... DU BEURRE NOIR.
LA PATIENCE EST MAÎTRESSE DE TOUTES DISCIPLINES. COMMANDONS UN DESSERT ! DEMAIN, APRÈS LES PAPERASSES D'USAGE, QUE DIRIEZ-VOUS D'UN BON "WHITE HEAT" ?
ÇA VOUS TENTE ?

TU LIVRES LES CAISSES CHEZ RALPH, ET DEMAIN MATIN, UN COMPTE-RENDU DE ROUTINE...
CE SERA FAIT...
À DEM
VOUS ME RACCOMPAGNEZ ?
LE CARROSSE DE CENDRILLON
JE SUIS RASSURÉE DE VOUS VOIR ABANDONNER PETIT À PETIT LES AFFAIRES... VOUS COMPLÉTEREZ MON ÉDUCATION !
J'Y VEILLERAI.

JE VOUS DOIT TOUT... MA VIE...
VOUS VOUS ÊTES ACHARNÉ POUR ME PAYER LES SOINS NÉCESSAIRES À MON RÉTABLISSEMENT.
J'AI VOLÉ, CORROMPU ET TUÉ POUR CELA, CE N'EST PAS TRÈS RESPECTABLE...
POURQUOI L'AVOIR FAIT, ALORS ?
PARFOIS, DES SIGNES ABSURDES S'IMPOSENT À TOI...
ILS GUIDENT TES DÉCISIONS DE PLUS, TU ÉTAIS TROP BELLE... JE N'AI PAS VOULU TE LAISSER MOURIR...
J'AI TOUJOURS EU LE RÔLE DU MAUVAIS GARÇON ! ON N'A PAS TOUJOURS LE CHOIX...
JE CROIS QUE SI !

JE CROIS QUE SI !
TANT MIEUX...
BONNE NUIT, BÉA...
J'AI TROP BU, MES PAROLES ONT DÉPASSÉ MA PENSÉE CE SOIR...
JE VOUS SOUTIENDRAI TOUJOURS
JE NE VOUS ABANDONNERAI JAMAIS

QU'EST-CE QU'ILS ATTENDENT ?
FOUR ROSES
ROSES

NOOOON !!!
HEUREUX DE TE VOIR, JACK !
AUCUN PROBLÈME DE LIVRAISON... PAS D'ACCROCHAGES ?

HEU... NON...
VOUS M'AVEZ FOUTU LA TROUILLE
J'ÉTAIS INQUIET POUR TOI... LA PÈGRE M'A TENDU UNE EMBUSCADE CE SOIR...
COMMENT ÇA ?...
VOUS ÊTES BLESSÉ ?
DES ÉGRATIGNURES. PAS DE QUOI FOUETTER UN CHAT !
SERS-MOI UNE BIÈRE, JE SUIS ÉNERVÉ !
JE SOIGNERAI VOS ÉVENTUELLES BLESSURES PLUS TARD.
POUR QUELLES RAISONS AURAIENT-ILS VOULU NOUS ...

SUPPRIMER...
TU LES CONNAIS ?
J'ATTENDS UNE RÉPONSE, JACK !
JE NE COMPRENDS PAS.
MOI NON PLUS.
CE FUT FACILE DE LES FAIRE PARLER... T'ENTOURER DE MEILLEURS ÉLÉMENTS, C'EST IMPORTANT...
T'AS PRIS DU COURAGE EN POUDRE... ALORS PAS DE BARATIN !

JE SUIS LAS D'ÊTRE AU SECOND PLAN... JE VEUX M'INVESTIR SEUL DANS LE MILIEU ; VIVRE MA VIE, FAIRE MES ERREURS ; PAS RACHETER LES TIENNES ! EFFACER UN FANTÔME... D'ENFANT AIMÉ ET HAÏ...
BIEN QUE JE TE RESPECTE !
ÇA NE TIENT PAS DEBOUT, JE QUITTAIS LE BUSINESS.
J'ALLAIS TOUT VOUS LAISSER, M'ÉCLIPSER...
AVEC **BÉA !** ...
JE COMPRENDS.
C'EST LÉGITIME.

TU PRENDS TES RESPONSABILITÉS, C'EST HONORABLE. SACHE QUE CHAQUE ACTE NOUS RENFORCE, NOUS GRANDIT... LA QUESTION RESTE : SOMMES-NOUS PRÊTS À EN PAYER LE PRIX ?...
L'EXISTENCE EST RISIBLE.
TU ME PARDONNES ?
N'ES-TU PAS UN FILS, POUR MOI !?
KR
MAIS, COMME TU N'ES PAS DE MA CHAIR, ÇA ME FACILITE LA TÂCHE. CONNAÎTRE SES ENNEMIS, JACK, ANTICIPER...
PITIÉ...

REGRETTABLE MAIS PRÉVISIBLE.
DINGUE, T'AS FAILLI RÉUSSIR, TU DOIS AVOIR UN GOÛT D'AMERTUME EN BOUCHE...
NON !... DE COMPASSION !

POURQUOI ?
POURQUOI M'AS-TU SAUVÉE ?
POURQUOI M'AS-TU TUÉE ?
POURQUOI NOUS AS-TU
AIMÉES ?
AAAAAAAAAAAAHHH

JE VEUX RESTER ICI
SEUL ...
NOOOOO

NOOOON
PAS JACK... PAS JACK...
N'AIE PLUS PEUR.
C'EST LA PÈGRE. PHIL AVAIT RAISON... J'AURAIS DÛ ÊTRE PLUS PRUDENT.
CE N'EST PAS DE VOTRE FAUTE ! JACK ÉTAIT FOU, DÉRAISONNABLE, CES AFFREUX CAUCHEMARS, OU VOUS MOUREZ TOUS... JE...
J'AI BESOIN D'UN REMONTANT.
MOI AUSSI.

IL INCARNAIT LE GRAND FRÈRE, CELUI DES ROMANS... TOUS CES SOUVENIRS... IL ME MANQUERA...
J'AI SOUVENT VÉCU ENTOURÉ PAR L'IMAGE DE LA MORT. MAIS JAMAIS SA PRÉSENCE N'AVAIT ÉTÉ AUSSI PROCHE, AUSSI ODORANTE.
J'AI SI FROID.
VOUS RESTEZ CETTE NUIT ?

ALLÔ ?
SALUT, GABE, C'EST PHOENIX, J'AI UN SERVICE À TE DEMANDER, LE DERNIER...
BON VOYAGE.
ATON'S

HEUREUX DE TE VOIR, FILS !
C'EST QUOI CE BORDEL, T'AS VU L'HEURE !
PRENDS UN VERRE,
LA FAMILLE ÇA VA ?!
RALENTIS LA CADENCE... ÇA FAIT UN BAIL QUE JE NE T'AVAIS VU DANS CET ÉTAT... ET JE CONNAIS LA SUITE LOGIQUE... JE PRÉFÈRE ÉVITER CE QUI VA SUIVRE.
C'ÉTAIT UN BON PETIT !
QUI !?
ILS ONT BUTÉ JACK.
OUAIS... JACK... ET LES AUTRES ?
MERDE, J'IMAGINAIS PAS QU'ILS TOUCHERAIENT DIRECTEMENT AUX GOSSES...

JE DOIS TE PRÉVENIR : LEUR PRESSION EST CONSTANTE. MES CONSEILS N'ONT PLUS D'EMPRISE SUR LEUR DÉLIBÉRATION. TU ES UNE MENACE... UN CONTRAT A ÉTÉ LANCÉ...
ILS NE VEULENT PAS DE TA SUCCESSION, EXCUSE-MOI DU TERME : "DE TES BÂTARDS" ! JACK DOIT ÊTRE UN AVERTISSEMENT. QUITTE LA VILLE DÈS CE SOIR, AVEC LES AUTRES...
TU M'ÉCOUTES
PHOENIX !
ÇA RECOMMENCE... EN FAIT, ÇA N'A JAMAIS CESSÉ DE COMMENCER. UNE SPIRALE DE MOEBIUS.
QUOI !
BETTY ET SES TÉNÈBRES QUI SOMMEILLENT.
BON VOYAGE

BETTY QUI ?
GABE...
MERCI, BARTON...
JE VAIS ME RECOUCHER, MARRE DE VOS EXCENTRICITÉS ...
PAUVRE DIABLE ...
T'AS TROP BU, JE T'EN PRIE... QUITTE LA VILLE.
JE ME SUIS RÉCONCILIÉ...
TU PERDS LE CONTRÔLE, NORMAL... APRÈS CE QUI T'ARRIVE... JE TE RACCOMPAGNE PUIS, ON AVISERA. ÇA VA ?!
NON, JE PRÉFÈRE MARCHER, DÉAMBULER AU HASARD DES RUES...
JE NE TE SUIS PLUS !
ACCORDE-MOI UNE DERNIÈRE FAVEUR... ENTERRE CETTE MALLETTE DANS UN CIMETIÈRE, AUJOURD'HUI MÊME, ELLE CONTIENT DES RELIQUES.

TOUT CE QUE TU VEUX, MAIS VA TE REPOSER SINON, TU NE TIENDRAS PAS LE COUP.
MERCI, GABE...
ADIEU
IL DÉBLOQUE... COMPLÈTEMENT. COMMENT VAIS-JE LE SORTIR DE CE MERDIER ?... ET CETTE MALLETTE... IL DÉBLOQUE VRAIMENT... MERDE...
SSSSCKEEEEEEEEECK
DES FLICS, DANS CE QUARTIER, TROP MATINAL...
OH OH ! MERDE...

BARTON'S
BLAM
BLAM
BLAM
BLAM
BLAM
BLAM
BLAM
BLAM
BLAM
BLAM

L'IMPORTANT, C'EST D'ÊTRE PATIENT.
REGARDE, C'EST UN BÉBÉ.
MAINTENANT, TU PEUX RESTER PARMI NOUS !
COMMENT TU T'APPELLES ?
!?
JACK...
MOI, C'EST BETTY.
FIN

Dans la même collection

Madame Lambert
Jerome Charyn et Andreas Gefe

Noces de chiens
Jean-Bernard Pouy et Jürg

À paraître

Ainsi va la vie
E. Keret et Assaf Hanuka

Groupe Tel-Aviv
Maud Tabachnik et Toshy

Achevé d'imprimer sur les presses de l'Imprimerie Pollina à Luçon - n° 76477
et relié dans ses ateliers en janvier 1999.
Dépôt légal editeur : 3525-01/1999. Édition 01. ISBN 2-7024-9325-4.

52/7503/7